沖縄・高江 やんばるで生きる

写真 森住 卓　解説 三上智恵（映画「標的の村」監督）

高文研

✧——もくじ

装丁＝野田　雅也

やんばる・高江で生きる人びと

◆やんばるの森とヘリパッド建設

やんばる（山原）とは、沖縄（本）島北部の丘陵地帯をさす。そこはスダジイ（イタジイ）を主木とする深い森におおわれている。この亜熱帯の森に抱かれて、多種多様な生き物たちが生き続けてきた。

この森の約七八〇〇ヘクタールを占める米海兵隊北部訓練場（ジャングル戦闘訓練センター）の過半の返還が、一九九六年一二月（SACO最終報告）に発表された。しかしそれはヘリパッド新設の条件付きで、東村高江集落を取り囲むように六つのヘリパッドの建設が計画された。

高江は人口一六〇名ほどの小さな集落。静かな暮らしを壊して欲しくないという高江住民の願いを無視して日本政府は強行しているが、今日までに完成したのは二カ所。現場では、二〇一二年一〇月に沖縄に配備されたオスプレイが、低空飛行やタッチ・アンド・ゴーを繰り返し、もの言わぬ森の生き物や住民を脅かしている。

建設作業を強行する沖縄防衛局・請負業者と、座り込みを続ける住民との攻防が今日も続いている。

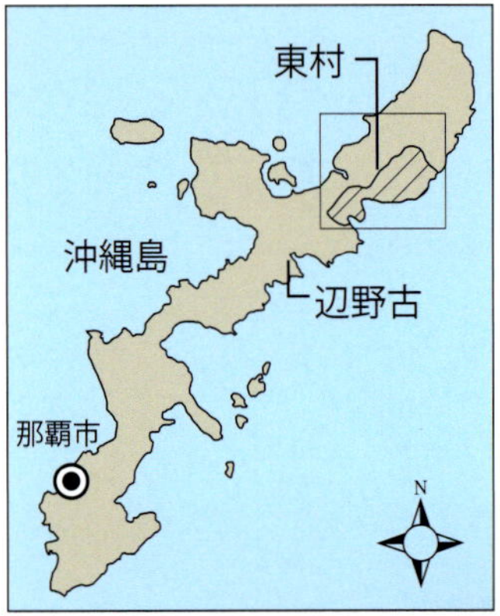

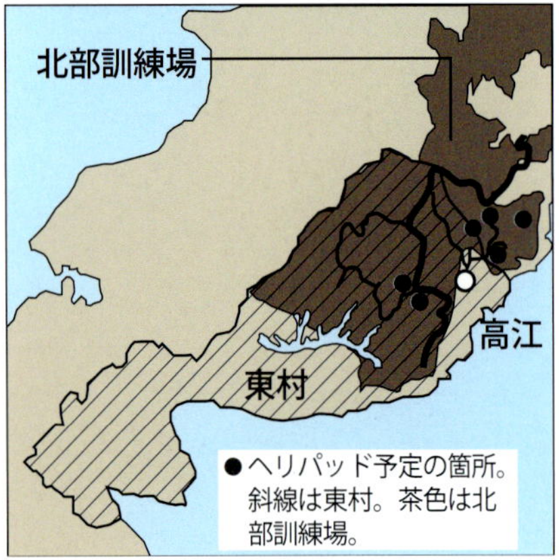

米軍ヘリパッド建設予定地（6カ所）

やんばるの森（2010 年 10 月 18 日）

フラダンスの衣装を着けた安次嶺海月さんと石原飛鼓さん。（2013 年 9 月 5 日）

3.11前、神奈川県でカフェを開いていた根本きこさん、夫のにしごおりじゅんじさん、長男の理来くん、長女の多実ちゃんと高江に移ってきた（2012年8月7日

多実ちゃんがチョウチョを見つけ裸足で飛び出してきた。根本さんはやんばるの自然と高江の人びとの繋がりはかけがえがないと感じている。（2012年8月7日）

7　日没前の東村高江の村営住宅。（2013 年 9 月 12 日）

森岡浩二さんが無農薬で有機栽培をしている野菜は、甘くておいしい。

村の中で農業を継ぐ若い人が出てきて欲しい。ここで成功して、手本を示したい、と森岡さんは言う。（2013 年 7 月 1 日）

「早く川に遊びに行こうよ」とせがむ丸君。(2012年8月2日)

出荷の日。消費者の笑顔を思いながら梱包する。(2011年1月27日)

毎週の野菜出荷が終わった森岡さん一家。消費者に直接届けている。安全でおいしいと評判になって少しずつお客さんが増えている。（2011年3月3日）

森岡農園の田植え。友人の家族が小さい子どもを連れて応援に駆けつけてくれた。（2013 年 3 月 9 日）

15　田植えから1カ月後、外来種のジャンボタニシにせっかく植えた早苗が食べられてしまった。大雨の中で補植をする杏岡さん（2013年4月5日）

にしごおりさんは友人と休耕田を借りて米作りを始めた。（2012 年 8 月 3 日）

森岡さんが作っている、ターイモ（田イモ）。お祝いの琉球料理には欠かせない食材だ。収穫の手伝いに来た日比日葉子さん。(2009 年 7 月 7 日）

19　田中伸介さんは東京から高江に来てパイン作りを始めた。パインは東村の特産品だ。(2007 年 5 月 12 日)

荘司 剛さんと祐子さんは、2012 年に高江に移り住んだ。（2013 年 4 月 28 日）

伊佐真次さんが作ったトートーメと、育子さんが漆を塗った琉球漆器を見せてくれた。(2013年10月10日)

石原鈴也くんはパンが大好きで自分でパンを作り始めた。酵母は自家製。現在、農業高校で発酵や酵母の勉強をしている。（2010年10月17日）

「住民の会」の事務所では夜遅くまで、支援者と議論が続く。疲れた石原飛鳥ちゃんはお父さんの膝で眠ってしまった。（2012年3月10日）

石原雷三くんが安次嶺家で夏休みの宿題をやっていた。一緒にやっていた安次嶺家の子どもたちはどこかに遊びに行ってしまった。(2010 年 8 月 29 日)

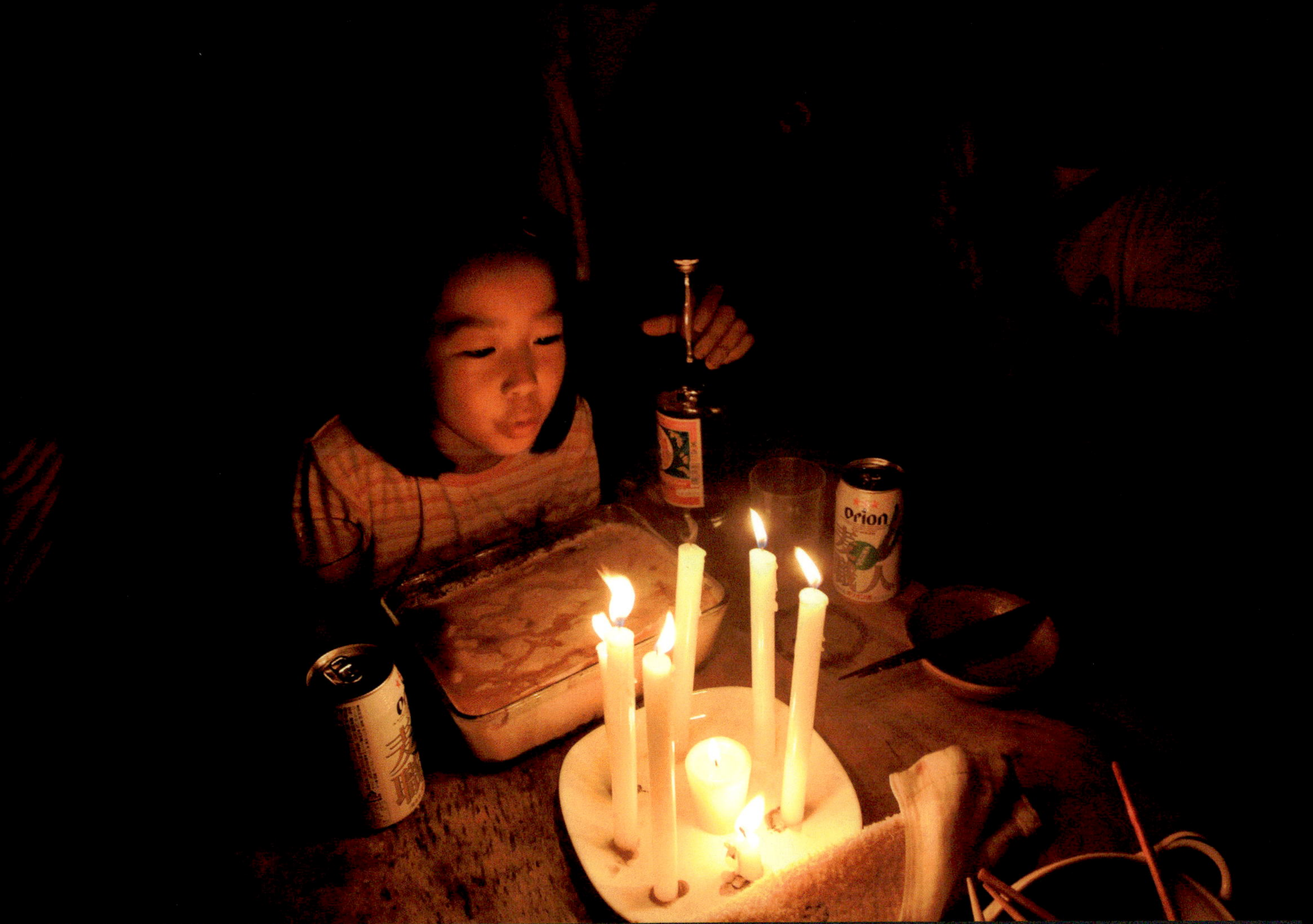

石原飛鼓ちゃんの７歳の誕生日。前日襲来した台風の影響で停電、あたりは真っ暗だ。ロウソクの灯がお祝いの雰囲気を盛り上げていた。（2010年９月１日

高江の夜空は満天の星が輝いている。嘉手納基地への着陸態勢に入った輸送機が光跡を引いていった。

森岡尚子さんは子どもたちを連れて、家の下の谷川に水遊びに出かけた。（2013 年 7 月 3 日）

豊年祭の翌日、やんばるの森から吹いてくるさわやかな風を受けながら、フラダンスの練習が行われていた。（2013 年 9 月 15 日）

沖縄戦を生き延びた伊佐真三郎さんは、「絶対戦争しちゃいけない」と口癖のように言っていた。

国の天然記念物で絶滅危惧種のヤンバルクイナ。雨上がりの夕方、えさを求めて道路脇によく現れる。（2013 年 3 月 20 日）

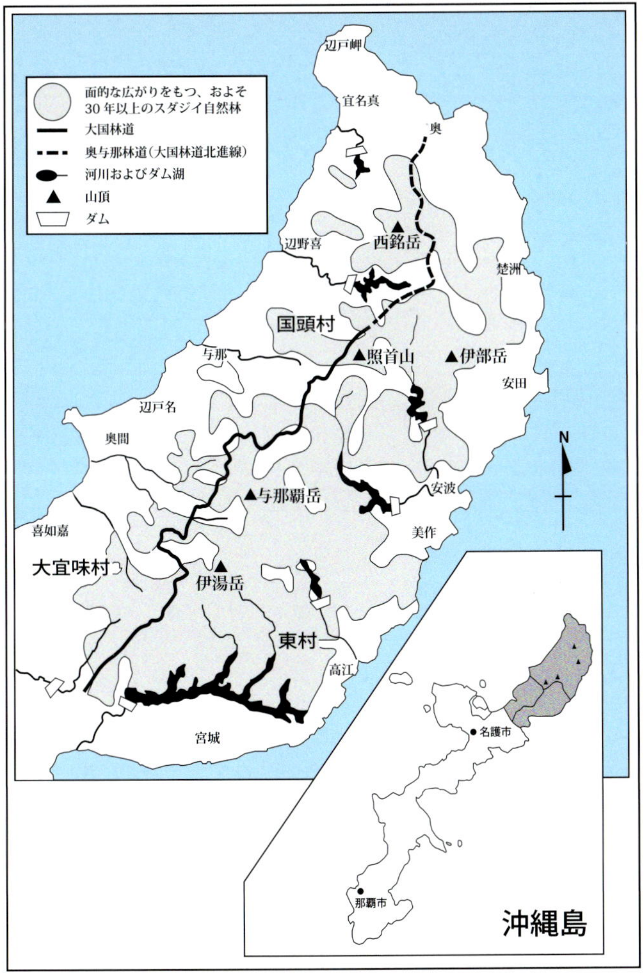

◆やんばるの森の多様性

やんばるの森は、ヤンバルクイナやノグチゲラなど、世界でもここにしかいない貴重な動植物の宝庫だ。これらは絶滅危惧種となっている。したがって、この森で死に絶えればもはや地球上から消えてしまうのだ。この森では四〇〇〇種を超える野生生物が記録されているという。やんばるの固有種（固有亜種を含む）、レッドデータブック記載種もたいへんに多い。

しかしいま、このやんばるの森は、開発と米軍基地の新設などで、危機にさらされている。世界的な自然保護機関の国際自然保護連合（IUCN）や世界自然保護基金（WWF）などが、日本政府に対して森の保護勧告をしている。世界自然遺産の候補でもあるやんばるの森は、かけがえのない世界の宝なのである。

豊年祭の朝、会場になる公民館の周辺の草刈り清掃を地区の人たちが行った。（2013 年 9 月 14 日）

豊年祭には都会に出ていた若者も帰ってきて、村は久しぶりににぎやかになる。（2013年9月14日）

アルコールも入って祭りは盛り上がる。（2013 年 9 月 14 日）

成人会の創作劇は今年も大爆笑。会場は一つになって盛り上がった。（2013 年 9 月 14 日）

「沖縄県ちゅら島環境美化条例」
みんなでキレイにしよう！ ちゅら島ひがし

浦崎直秀さんはやんばるの山を知り尽くしている。イノシシ捕りの名人だ。（2013 年 10 月 10 日）

カフェ「山甕〈やまがめ〉」を開いている安次嶺現達さんの家族。（2008 年 7 月 25 日）

レターパック500
レターパック350
「レターパック」誕生す！
信書も荷物も大丈夫！
カフェ入口

安次嶺現達さんが畑仕事から帰ってきた。（2008 年 7 月 29 日）

絶滅危惧種のオキナワキノボリトカゲ（2013 年 4 月 24 日）

子煩悩な現さんだが、子どもへのしつけは厳しい。

カフェの拡張工事。図面を引かずに板を切る現さん。（2011 年 3 月 3 日）

焼きたてパン。大きな手がパンを手早く広げる。（2000年11月6日）

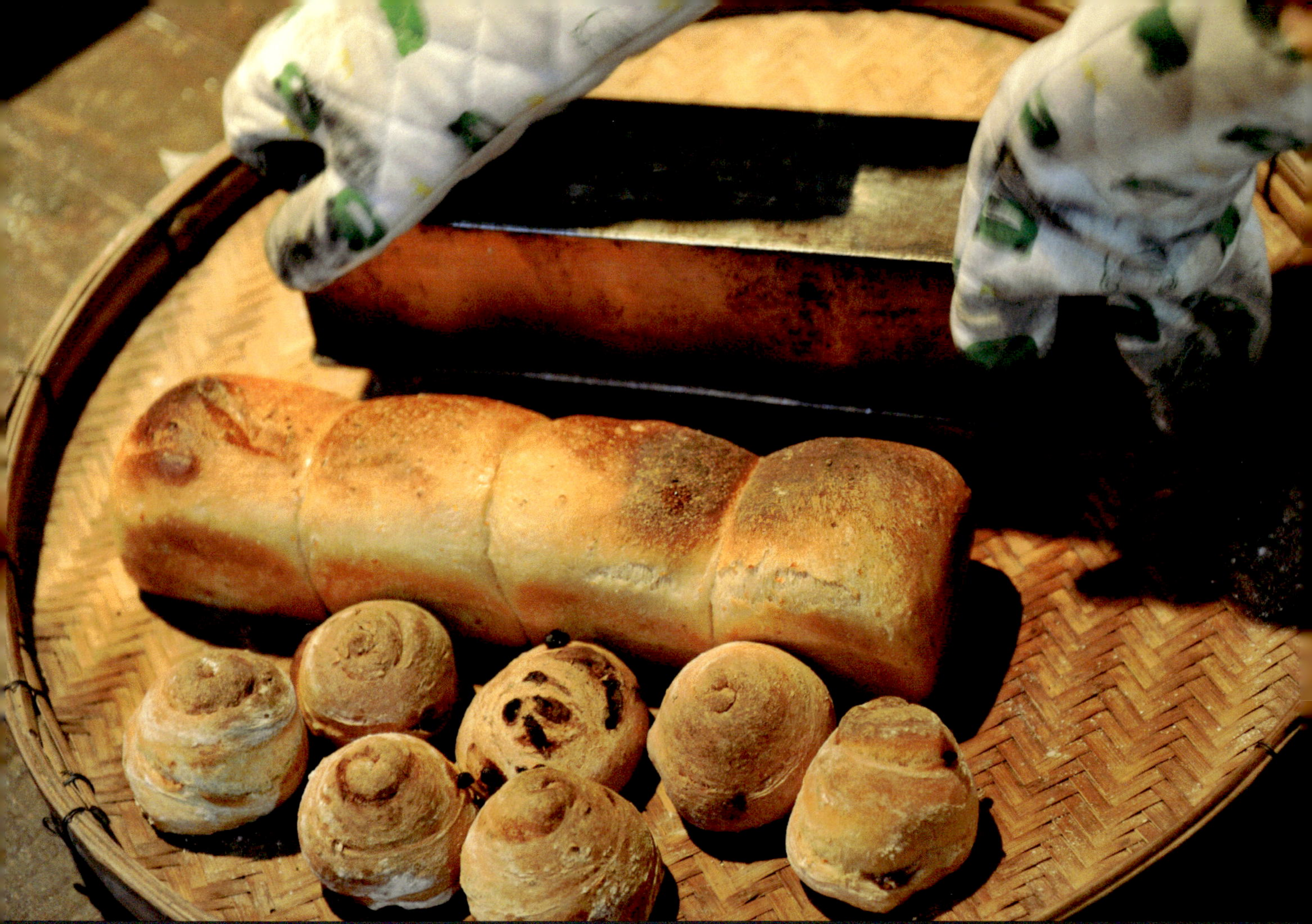

現さん手作りの土釜。パンやピザなどが焼ける。

夕食後、カフェのお客さんを自宅に招いた。雪音さんのひくギターのここち良い音色で啓達くんが寝入ってしまった。（2009 年 3 月 31 日）

 中学生になった安次嶺海月さんと 3 年生になった兄の聡太くん。「両親が闘いに疲れたら私が替わってあげたい」と言うようになった。（2013 年 4 月 8 日

国の天然記念物で絶滅危惧種に指定されているリュウキュウヤマガメ（2009年3月31日）

国の特別天然記念物で絶滅危惧種のノグチゲラ。

やんばるの森の夕焼け（2013 年 9 月 11 日）

米軍基地と隣り合わせの日々

◆米軍北部訓練場

北部訓練場は、沖縄県国頭郡《くにがみ》の国頭村と東村《ひがしそん》にまたがるアメリカ海兵隊の基地。正式名称は「ジャングル戦闘訓練センター」、英名はキャンプ・ゴンサルベスで、沖縄戦で戦死したハロルド・ゴンザルベス海兵隊一等兵にちなんでいる。

一九五七年に米軍が接収し、米軍海兵隊の世界唯一のジャングル戦闘訓練場となっている。ゲリラ戦や捕虜奪還訓練、やんばるの山中を自力で食料を調達して生き延びるサバイバル訓練などが行われている。

緑豊かな高江は北部訓練場と隣り合わせにある。

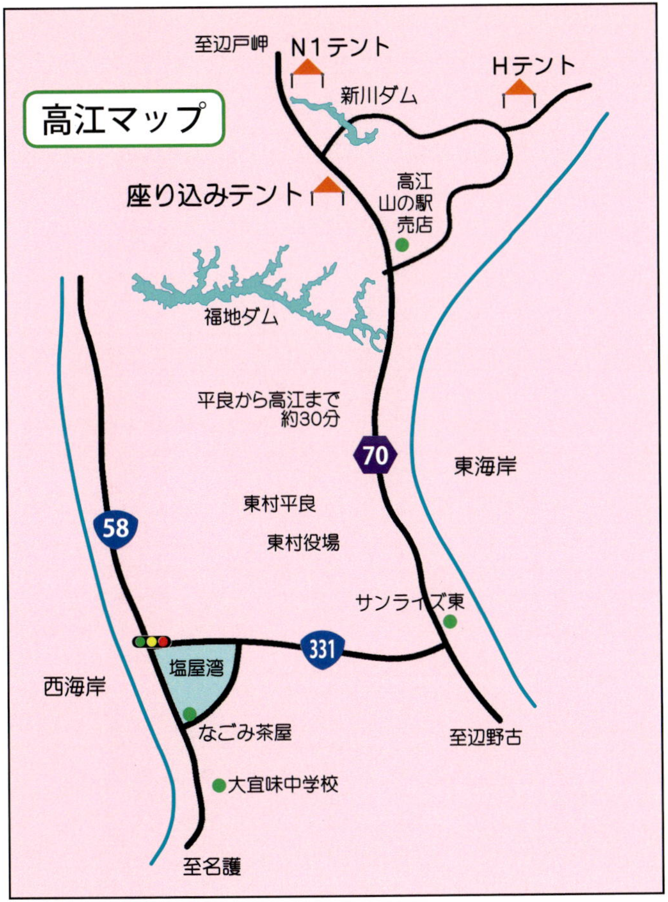

◈高江スラップ訴訟

二〇〇八年一二月、国＝沖縄防衛局は八歳の子どもを含む高江住民一五人に、「通行妨害禁止の仮処分命令」を申し立てた。

「ヘリパッドを造らないで」「やんばるの自然を守りたい」「命育むこの森を人殺しの訓練に使わないで」と、ヘリパッド建設に反対して非暴力の座り込みや、実情を訴え、支援を呼びかける行為が、「通行妨害」というのだ。

これは、国家権力が司法を使って正当な住民運動を弾圧する「スラップ訴訟」に当たるとして、憲法で保障された「平和的生存権」や「表現の自由」を守るため、「ヘリパッドいらない弁護団」が結成された。住民らの抗議で子どもへの申し立ては取り下げられたが、那覇地裁は住民一四人中、二人に対する仮処分を決定。二〇一〇年一月、沖縄防衛局は二人に本訴訟を提起した。

高江から片道三時間もかかる那覇地裁通いを強いられながら、二年以上続いた訴訟で、国家権力の不当性と住民側の正当性が明らかになったが、二〇一二年三月の那覇地裁判決は、同じことしかやっていない二人のうち一人に対する防衛局の請求は棄却、一人に「通行妨害禁止」を命じる判決だった。

住民側はこれを不服として控訴した。しかし二〇一三年六月の福岡高裁那覇支部の判決も、国の主張を認めるものであった。現在、高江の現場での座り込みや建設阻止の行動と並行して、最高裁判所への上告審が継続している。

やんばるの森の中の米軍北部訓練場。ベトナム戦争時ここにベトナム村が作られ、高江住民がベトナム人役として雇われ標的にされた。（2013 年 12 月 1

嘉手納基地所属の HH60 救難ヘリコプター。高江上空を飛行中、開いたドアから兵士が銃口を住民に向けていた。（2009 年 11 月 5 日）

 ジャングル戦闘訓練センターで行われているサバイバルコース。（1996 年 1 月）

北部訓練場に飛来したMV22オスプレイ。低周波音がいつまでも耳にこびりついて離れない。（2013年10月9日）

HH-60 ヘリが着陸後、兵士が降りてきて警戒態勢に入った。一人の兵士が銃口をこちらに向けてぴたりと止まった。（2009 年 11 月 5 日）

北部訓練場メインゲート前（2014 年 1 月 22 日）

N4 ゲート（2011 年 1 月 27 日）

オスプレイと交代したCH46輸送ヘリコプター。（2009年7月1日）

座り込みテント前を通過する砂漠仕様の車体カラーの米兵員輸送車両。(2011 年 1 月 25 日)

早朝、国は工事業者を連れて N1 ゲート前に押し寄せてきた。（2011 年 2 月 23 日）

工事強行に抗議する清水 暁さん。（2011 年 2 月 23 日）

「あなたたちウチナーでしょ」と訴える伊佐育子さん。反対する住民と業者、どちらもウチナー。国はウチナー同士の対立を持ち込んできた。（2011 年 2 月 23

「工事する前に納得いく説明をしてください」と訴える森岡浩二さん。（2011 年 1 月 26 日）

辺野古から高江に移り、住民に寄り添って反対している佐久間務さん。（2011 年 1 月 26 日）

通行妨害で国に訴えられた「住民の会」の共同代表だった伊佐真次さんと安次嶺現達さん。（2009 年 1 月 28 日）

ひとりだけになってもゲート前に座り込みを続ける佐久間さん。コツコツ、粘り強い佐久間さんの姿勢に頭が下がる。（2013 年 3 月 23 日）

高江を訪れる若い人が増えている。東京の高校生を前に説明をする伊佐真次さん。（2013 年 6 月 28 日）

adidas

国に通行妨害で訴えられた伊佐真次さんの裁判で福岡高裁那覇支部は国の主張を認めた。直ちに伊佐さんは最高裁に上告した。（2013 年 6 月 25 日那覇市）

不当判決に怒りを押さえきれず嗚咽する安次嶺雪音さん。（2013 年 6 月 25 日那覇市）

高裁判決が出た日の伊佐真次さん（2013 年 6 月 25 日那覇市）

「住民の会」は東村村長にヘリパッド建設に反対するよう要請した。（2012 年 8 月 7 日東村役場）

高校教師を退職した後、辺野古や高江の戦いに残りの人生をかけた故大西照雄さん〈左〉。（2011 年 2 月 22 日）

人間の鎖　非暴力の抵抗手段だ。（2011 年 2 月 25 日）

座り込みテントに安次嶺家の子どもたちが訪れた。（2013 年 9 月 11 日）

初めて開かれた「住民の会」のヘリパッド反対の村民集会。（2007年6月17日）

座り込みテントに高江住民から差し入れられたスイカ。(2008 年 7 月 27 日)

93　N4 ゲート前（2007 年 11 月 6 日）

辺野古のキャンプ・シュワブを仕切るフェンス。まるでパレスチナの隔離壁のような威圧感がある。（2012 年 8 月 3 日）

辺野古の海を守れ！

◈美ら海に新たな基地は造らせない！

米軍基地の縮小・撤去を求める沖縄県民の願いとは裏腹に、世界一危険な普天間基地の返還が、名護市辺野古への移設（新基地建設）にすり替えられて一八年。一九九七年一二月、名護市民が住民投票で示した「新基地建設ＮＯ」の意思は踏みにじられ、日米両政府はあらゆる「アメとムチ」を駆使して住民を分断し、基地を押しつけようとしている。

これに対し、沖縄戦を生き延び、海の恵みで戦後を生き抜いてきた地元のお年寄りたちは、「海は命の恩人。基地には売り渡さない」と反対運動の先頭に立ち、住民の粘り強い運動が全県・全国・世界的な共感を得て、辺野古・大浦湾の美しい海にいまだ一本の杭も打たせていない。「県内移設反対」は、オール沖縄の動かし難い県民意思となっている。

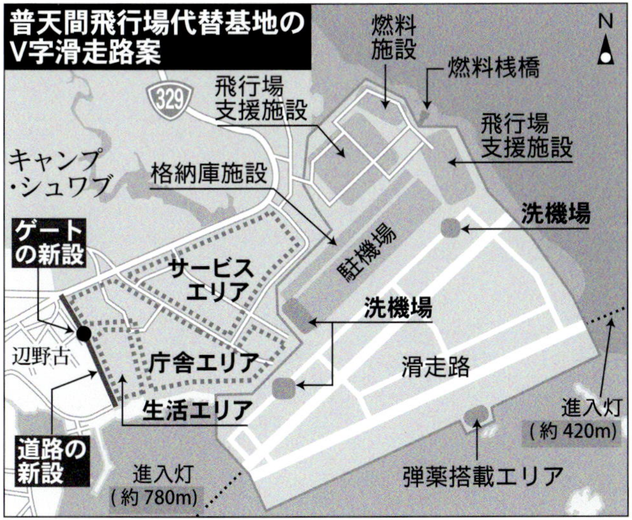

海上行動に出発するカヌー隊に声援を送る人たち。(2004 年 9 月)

キャンプ・シュワブ沖でボーリング調査の船の動きを警戒する市民。（2004 年 9 月）

ボーリング機器を載せた櫓の上で抗議する市民。(2004 年 12 月)

カヌーでの抵抗は非暴力の象徴。エンジンのないカヌーには業者や防衛局も乱暴なことが出来ない。弱い方が強いと思った。（2004 年 9 月）

正月が終わって海が荒れた。それでもボーリング調査の船を警戒して海に出た。（2005 年 1 月）

海底の地質調査の作業船が辺野古にやって来た。浜でオジイやオバアたちが、抗議行動でけが人が出ないように海の神にお祈りした。(2004 年 11 月 16 日

支援に訪れた東京の大学生に、キャンプ・シュワブの説明をする故大西照雄さん。（2004 年 9 月）

海上での抗議行動が終わって
カヌーを洗い、明日に備える。
（2004 年 9 月）

きびしい闘いの中にも三線と太鼓の音がテントから流れ、踊り出す人たちがいる。緊張の続く座り込みテントに、歌声と指笛が響いた。(2004 年 9 月)

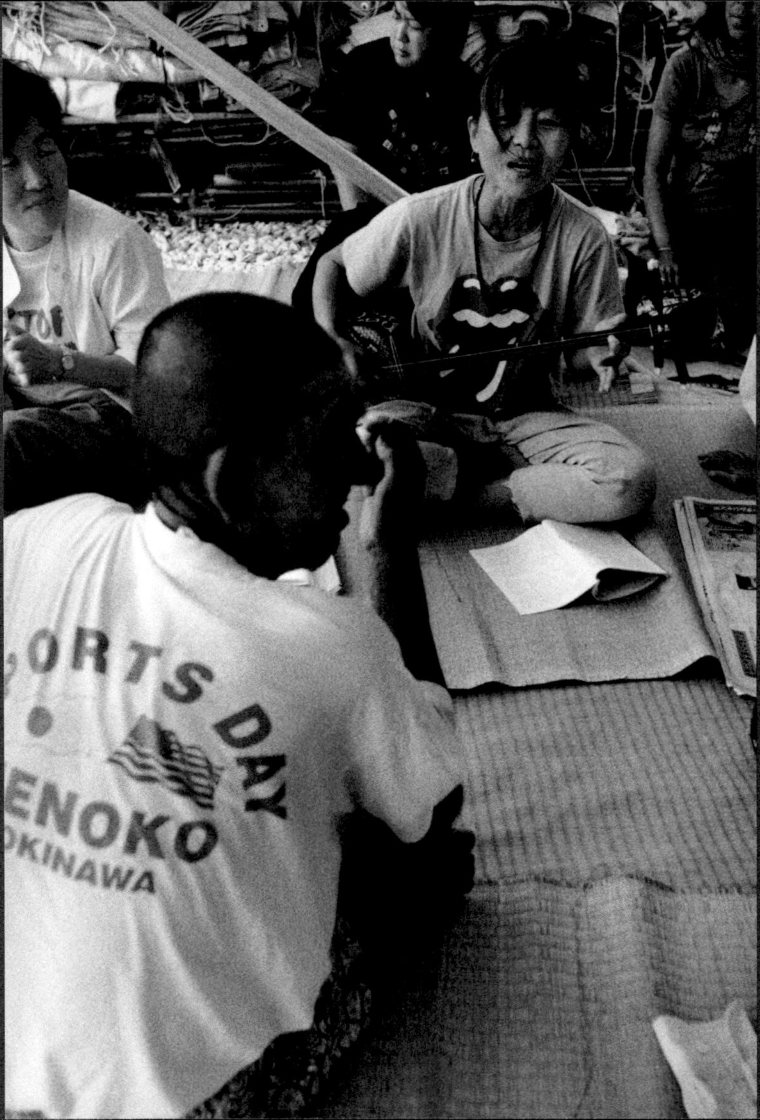
OKINAWA

ヒサ坊さんこと、島袋利久さんは地元漁師たちが基地誘致に賛成してしまった後も、反対運動に寄り添っていた。「海人〈うみんちゅ〉としてお金じゃなくて本当に海を愛していた」と誰もが言う。2008年に亡くなられた。

座り込みテントに漁師からの差し入れがあった。（2005 年 1 月）

「普天間基地の即時閉鎖と名護市辺野古への移設反対」を訴える県民大集会。（2004年10月2日那覇市）

毎週金曜日はキャンプ・シュワブの正門前で基地反対を訴える定例の日だ。（2004 年 12 月）

旧暦９月７日に行われるカジマヤー〈風車〉。97歳を祝う伝統的な行事だ。（2004年10月）

カジマヤーは特別な日。オープンカーでのパレードは米軍キャンプ・シュワブの中にも入っていった。（2004 年 10 月）

97歳になるお年寄りの長寿を、集落中の人がお祝いする。（2004年10月）

毎週金曜日、渡具知武清さんと知佳子さんの家族は、キャンプ・シュワブゲート前で、平和を訴えるキャンドルサービスに参加している。（2004年12月）

オジイ、オバアは「戦後の食べ物がないときにも、辺野古の海は食べるものを与えてくれた。宝の海だ。この海を守りたい」と、浜に座り続けている。（2004 年 10 月）

辺野古漁港（2004 年 9 月）

ジュゴンのえさになる藻類は、リーフ内の砂地に生える。海兵隊の水陸両用車のキャタピラで海底が荒らされ、藻場が破壊される。（2008 年 4 月 26 日）

辺野古の海を潜ると藻類がたくさん生えている。ジュゴンの格好のえさ場だ。

新基地建設予定地の大浦湾で確認されたアオサンゴ群は30メートル以上に達し、世界的にも貴重な群落だ（2005年9月）

台風の去った翌朝、辺野古の
海岸に打ち上げられたゴミを
掃除していた。(2004 年 9 月)

❖——解説

忘れられた山村・高江

映画「標的の村」監督　三上智恵

✣高江のなりたち

東村《ひがしそん》高江《たかえ》区は沖縄では珍しい「山村」である。山原《やんばる》の森の豊かな資源を糧にしようと中部・南部から人びとがここに移住してきたのは、恐らく廃藩置県（いわゆる琉球処分）の前だとされるが定かではない。

今の高江区は、もともと離れていた五つの字《あざ》が後にまとまって（大正一三年）、一つの行政区になったもので、それまでは山の斜面に張り付くように、一〇軒から二〇軒の小規模な集落を個別に形成していた。そこには海からしか近づくことができない上、耕作地も持たなかった。農業や漁業と無縁の、一〇〇％山に依存した山村は、沖縄ではあまり例がない。

高江の人びとは、薪や建築材になる木を山から切り落として新川《あらかわ》の河口に集積し、週に一度、「山原船」に載せて泡瀬《あわせ》、与那原《よなばる》まで出荷していた。町から戻る山原船には、生活に欠かせない塩・油・味噌などが積まれていた。

明治期から昭和前半までは薪《まき》が高値で取引されたため、船でしか到達できない谷沿いの生活であっても、寄留民たちは徐々に「下《しも》新川」「上《かみ》新川」「高江」「小浜《こはま》の上《うえ》」「車《くるま》」の集落を形成していった。今、集落の中心地になっている「牛道《うしみち》」は、それら崖地から離れた台地の上に当たる。林業と海運の上では不便だったので、集落が定着したのはずっと後のことである。

映画「標的の村」では、森住さんの写真にあるとおり、桃源郷《とうげんきょう》のような山村のたたずまいを映し出すと同時に、米軍がゲリラ訓練用の「べトナム村」をここに作り、高江の人びとを配置したという衝撃的な事実を告発した。

ここで高江という山村の成立過程を詳しく説明したのは、なぜ高江集落が米軍北部訓練場にぐるりと囲まれてしまったのか、なぜ従順に「ベトナム村」の住民の役を演じたのか、なぜこの話が表に出なかったのか。その疑問に答えるために欠かせないからである。

✣優しい高江の人びと

「高江の人びとは優しい」「入りやすい」。移住した人びとは異口同音にそう口にする。沖縄では、各字で風習や言葉も違い、それぞれが「生《う》まりジマ」に強い誇りをもつ。反面、「他シマ」に対しては閉鎖的な側面がある。特に基地関連の収入を長く受け取っている行政区は、あとから移入した人びとを「寄留民」と分けて呼び、恩恵などの条件も区別するところも少なくない。

ところが、高江は元々が県内各地から近代になって移住したという経緯もあり、おおらかに人を受け入れる土壌がある。そんな高江に初めて接したのは、高江でコーヒー園を始めたヒロさん（故人）の取材だった。一八年も前のことだ。

✣高江との出会い

初めて高江区を訪ねたのは一九九六年のこと。ハワイのコナコーヒーの農場で学んだ関西出身のヒロさんが、高江にコーヒーファームを作った時だ。

台風さえなければ、山原の土は香り豊かなコーヒー豆を生み出す。一口飲んで驚いた私は、勧められるますぐに樹のオーナになった。翌年からは、三上智恵と書かれたコーヒーの樹の写真と、自分の樹から取れたのであろう豆が、少量ながら定期的にローストされて届くようになった。思えばこのコーヒーファームのおかげで、私は高江の土と細く長く繋《つな》がってきた。

高江の穏やかな時間、木々の匂い、優しい人びと。あの森の暮らしをオスプレイが切り裂くと聞いた時は、大事なものが踏みにじられる！と居ても立ってても居られなかった。

✣高江の戦中・戦後

沖縄戦で戦場となった沖縄本島だが、北部の高江はほとんど爆撃もなかった。那覇や読谷《よみたん》からの疎開を受け入れ、食料不足で辛い経験もしたが、本当の苦労は占領後に待っていた。米軍は流血の末に勝ち取ったこの島の、好きなところに好きなだけ基地を造った。

一九五七年、国頭《くにがみ》村から東村にかけての広大な亜熱帯の森がゲリラ訓練場になってしまった。高江の平坦な台地はほぼ基地に取られるのだが、海上交通しかなかった時代の高江の玄関口は海側の新川河口。谷間の小集落に暮らす人びとだったからこそ、同時代、耕地を次々と米軍に奪われた伊佐浜《いさはま》や伊江島《いえじま》のような住民の抵抗はなかったのである。

やがて、北部訓練場の施設ができると、東海岸の宮城までしかなかった道が高江の基地のメインゲートまで伸び、字「牛道」が陸路の玄関口になった。

そのころになるとエネルギーは薪や石炭から石油や電気に代わって行き、山原船の行き来も途絶えた。しかし平坦な耕作地がない高江は山仕事に執着し、演習のない日はこれまで通り山に入って木を切ることを米軍に黙認してもらい、細々と山仕事を続けた。

ところがそこは、ベトナム戦争の即戦力を養成するゲリラ訓練の演習場。ベトナムと同じようなジャングルや川、そこに同時に一千人もの若い兵士が送り込まれ、訓練に明け暮れた。翌日にはベトナムのジャングルに飛び、そのあとは生きて還るか、遺体で還るかわからない。そんな殺気だった兵士たちのフィールドと高江区の住民地域の間には、フェンスひとつなかった。

そこら中に掘られた落とし穴。中には剣山《けんざん》のように槍が敷き詰めてある。ピアノ線を踏めば、上からギロチンのようにワナが落ちてくるしかけもあった。ゲリラ戦が得意な南ベトナム解放民族戦線の兵士を捉えるためのこうした仕掛けに、生活の糧《かて》を求めて山を歩く住民がかかり、大けがをする。しかし、あくまで演習場に勝手に入ったのは住民で、寛大にも黙認してやっている米軍が悪びれるはずもない。

当時の新聞には、米兵の集落放火や強姦《ごうかん》未遂の記事もある。小浜の上にあった住民の作業小屋は、ベトナムで活躍するナパーム弾で狙い撃ちにされたという。明日の命も知れない兵士たちの狂気と高江の生活は隣りあわせだった。

やがて薪が暴落し、文房具用の竹ぐらいしか商売にならなくなると、米兵が山に捨てていく保存食の缶詰が、直接、高江の暮らしを支える「山の収穫」になっていた。訓練場内では薪を拾う老婆が「鳥とまちがわれて」撃ち抜かれるというような事故も多発した。

しかし、耕地がない高江が山依存の生活を変えるのは容易ではなく、米軍の顔色をうかがいながらも山の立ち入りを続けていた。

そんな中で、ベトナム風の集落を巡る訓練に「住民の役で」参加して欲しいと高江に米軍からオファーがあった。正確な回数はわからないが、この依頼はたびたびあったと住民は証言する。

米軍は「もし嫌ならいい。別の集落に頼む」と言う。協力しないのであれば山への立ち入りも認めないという脅しだったと、当時の区民は新聞記者に訴えた。山に入れなくなれば、わずかな収入も軍のシーレーション（保存食）も入手できなくなる。

青ざめた住民は女性も子どもも訓練に参加。現場までの行程は、山歩きになれた人の足でないと行けない場所だったと、ある老女は私に話してくれた。
「行きたくなかったさ。でもいかないと山に入れなくなる」と、小さい子も連れて行った。「行ったのは、あの時期まで山仕事をしていたタケー、アラカー（旧高江・旧新川）の人。ほかの人は歩かない山だよ」。彼女にとってベトナム村は負の記憶のようだった。
一方、青年時代に参加したある住民は、「怖いというより、映画の撮影のようだった。食料がもらえるから行った」と、明るく話した。

✣ギブ・アンド・テイク

「軍とは、うまくやってきた」と当時を知る住民はいう。米軍には世話になった。戦後の何もないときに毛布をくれたし、道も作ってくれた。崖崩れで道がふさがれば、ブルドーザーも出した。半日かけても到達できない那覇の民政府が、高江に何をしてくれたのか。頼りになるのは隣りの訓練場の米軍だったのだ。
高江の人たちにとってベトナム村への協力は、「ギブ・アンド・テイク」だった。標的にされた、人権侵害だと憤るより、「お互い様だったから協力した」、そう思ったほうがずっといい。ひどい話はそこらじゅうに転がっていた。打ちひしがれていてはキリがない。それよりも、うまくやってきたという記憶のファイルに、一つひとつの出来事をぶち込んで生きていくほうがましだったに違いない。
「標的の村」の取材で、ベトナム村の話を聞き出すのは気が重かった。字《あざ》が違えば知らない人も多いが、話したくもない人も多かった。それを知りつつも「ベトナム村に行ったんですか？」と聞いて回る行為は、予想通り歓迎されなかった。知ってても言うか！と吐き捨てられたこともある。写真も、映像も、資料も見つけてある。事実の裏付けだけが欲しいというつもりの撮影でも、「あなたたちは人権侵害されてきたのにわかってますか？　今からもされるんですよ？」と、無神経な質問をぶつけているに等しいのだ。
高江の生活史も苦難の日々も知らないで那覇からカメラを持ってやってくる私たちに、今更そんな話をしても仕方がない。そう思われて当然だった。

✣訓練場に囲まれた高江

ベトナム戦争が激しさを増した一九六〇年代後半、いよいよ山での暮らしは限界を迎え、各字は次々と急斜面の生活を捨てて台地の上に移動してきた。最初は崖の下にあった学校が、一度中腹に移り、一九六八年に今の場所に移転したころには、訓練場にとられていない少ない平坦地を農地に改良しつつ、遅まきながら高江区の生業の転換が軌道に乗り始めた。
今、地図で見ると、高江区は北部訓練場の中の飛び地のようにさえ見える。浅薄な考えでは自ら訓練場近くに移住したと映るかもしれない。こんな風に高江の反対運動を批判する声もある。
「北部訓練場のゲート周辺には人は住んでいなかった。あとから基地に近づいてきたのに基地に囲まれ、演習場の中に住んでいるようだと文句を言うのはおかしい」
「わあわあ反対しているのは、あとから移住した人たちだ。それを証拠におじい・おばあがいないじゃないか。高江の人は反対していない」
しかしこれらの批判は見当違いである。山村の生活から農業に転向しようにも、平地は基地にとられていた高江の歴史、それでも米軍と折り合って生きていくしかなかった、道も通わない過疎の村の苦しい選択を、わかろうともしない残酷な物言いである。
ベトナム戦争当時の北部訓練場内で何が行われていたのか、県民は知る術もなかった。いや、知っていたとして占領下を生き延びるのに必死な沖縄県民に何が出来たというのだろうか。

今現在も、訓練場の中で標的のようにされている「高江」という地区があることを、本土だけではない、沖縄県民でさえ知っていた人は少ない。忘れられた小さな山村の集合体である高江の苦しみなど、表舞台に出ることはなかったのだ。

✣「知っていて移住したんですか？」

沖縄に住んでいても地名も知らない、そんな観光ポイント一つない高江集落。そこに、映画の効果もあって、今は連日多くの人が関心を寄せて訪れてくれるようになった。それは本当に有り難いことなのだが、中には無意識に失礼な質問をぶつけていく人もいる。

先日もカフェ「山甕《やまがめ》」のゲンさんに、「オスプレイが来ることを知ってから移住したんですか」と、真顔で聞いた学生がいた。ゲンさんは苦笑して、でも優しい顔を崩さなかったが、私は悔しくて涙が出た。こんな質問を何度浴びせられているのだろう。私たちの報道が足りないのか。「知ってて来るわけないじゃないか。配備の年になっても高江には来ないとダマされてたって言ってるじゃないか。毎日ぼろぼろになって座り込みを続け、あなたたちみたいな『勉強』したい人たちにもＳＯＳを託し、生活を割かれている住民に、〝それは半分補償金目当てだったんですか〟と聞いているに等しいことに気づいてますか？」

私は本当はそう叫びたかった。

✣若い家族を迎えて

山の斜面の生活を知る人びとが「古い住民」で、平地に移って再出発した高江以降の移住者を「新住民」だとして、それを分ける必要は全くないことを承知の上で言えば、伊佐《いさ》真次さん一家で二〇数年、安次嶺《あしみね》現達《げんたつ》さん一家は一〇数年の在住、座り込みテントを維持する主力の人びとはほとんどが新住民だ。

しかし前述のとおり、古い住民は垣根なく若い家族を迎え入れているし、新住民も積極的に交流し、高江を愛し、高江の魅力を生きいきと発信する。そのパワーを得て高江区全体が輝きを増しているのは、訪れた人は皆実感するはずだ。

高江の小中学校に赴任した先生方も、この高江区の仲のよさに感嘆の声を上げる。子どもも元気で自分の意見を堂々と話し、世代を超えて団子《だんご》になって遊んでいる。学校行事には集落のお年寄りも総出で参加する。そんな高江の先生たちが心配するのは一つ、基地を巡って意見の対立が長引き、子どもたちに影を落とすことだった。

高江区には、ヘリパッドの建設の阻止行動に参加できないが、応援しているという住民もいれば、政治的なことは関わりたくないという住民もいる。家族が軍関係の仕事をしていたり、防衛関係者であったり、沖縄のほかの地域同様、すでに六〇年余り基地と暮らしていれば、地縁血縁者の利害を無視して、基地の是非を自由に論ずるのが難しい。しかし私が古い住民の家を訪ね歩いて伺った限りにおいて、ヘリパッドを歓迎する人は一人もいなかった。

それは高江区がヘリパッドの受け入れに二度も反対決議をしていることからも明白だ。

ただ、どんなに反対しても造られるのであれば、できるだけ遠くに、できるだけ安全に、そして高江区の将来の振興も保証されるような条件闘争をして終わらせなければ、反対運動で地域が壊れてしまっては元も子もないと危惧《きぐ》する声も多い。それは痛いほどよくわかる。

この厳しい自然の中で身を寄せ合って生きてきた山村の人びとが最も恐れているのは、穏やかで平凡な集落の調和が乱されること、その一点なのだ。

✣輝きを増す高江

それにしても、高江に行くたびに私は思う。このだんだん増していく磁場はなんだろう？　この幸福感はなんだろう？　ヘリパッド問題がきっかけで訪れた人も、運動ではなく通うようになる。名だたるミュージシャンが続々と高江入りし、ノーギャラで最高のステージを見せてくれる。メインゲートの前で、音楽好きならよだれが出るようなセッションが不意に展開される。演劇も生まれた。合唱組曲を作りたいという人も現れた。

沖縄の基地反対の現場というだけではくくれない高江の魅力が、現在増殖中、ますます人を惹《ひ》きつけている。

もともと、自然農法を実践する人、ガラスや木工など芸術家、料理研究家など感性の豊かな人たちを引き込んで住民にしてきた場所である。土地の魅力に人の魅力がプラスされて、命の問題、食や子どもの未来、地球のことを真剣に考える人たちが高江をキーワードに結ばれていく。

✣絶望を希望に変える村

「沖縄の歴史」と「戦争」と「アメリカ軍」。それを「日本の闇」という粘土でがんじがらめに固めてしまったのが今の沖縄だ。考えてみれば、その欺瞞《ぎまん》の地層が裂けて剥《む》き出しになっているのがこの高江なのかもしれない。

最も矛盾が詰め込まれた場所が張り裂けているのに、そこからは、なぜか希望の泉が溢《あふ》れだしている。それが、森住作品には見事に映し出されている。だからこそ、ここから発するＳＯＳは、今の地球を憂える世界中の人に届いていくのかもしれない。

不思議なことに、作り手の私が絶望しか織り込めなかったはずのあの映画に、多くの人が希望を見出すらしい。その象徴が海月《みづき》ちゃんであり、飛鼓《ぴこ》ちゃんであり、権力に屈することなく理想を語り続ける強さ、人を受け入れる優しさを持った高江の人たちなのだ。

忘れられた山村・高江には、この国最大の矛盾と、この国最大の希望が同居している。
だからこそ、絶望を希望に変える磁場が発生し、人を惹きつけていくのだろう。

（二〇一四年二月二〇日　記）

【みかみ・ちえ】
一九六四年東京生まれ。父の仕事の関係で一二歳から沖縄に通い、大学で沖縄民俗を専攻。卒業後アナウンサー職で大阪毎日放送入社。一九九五年、琉球朝日放送の開局とともに両親の住む沖縄へ移住、第一声を担当した。キャスターのかたわら取材、番組制作に携わり、二〇一四年春、フリーに。沖縄民俗学の研究も継続し、沖縄国際大学で非常勤講師も務める。
主なドキュメンタリー作品に「海にすわる　辺野古600日の闘い」「サンゴが消える日」「英霊か犬死か　沖縄から問う靖国裁判」などがある。

撮影後記にかえて

やんばる・高江を知ってください

森住 卓

沖縄の民意

本書の編集作業が大詰めを迎えていた二〇一三年一二月二六日、那覇の沖縄県庁を一千人以上の県民が取り囲み、国による辺野古《へのこ》の海の埋め立て申請を仲井真《なかいま》弘多《ひろかず》知事が承認しないように働きかけていた。私は居ても立っても居られず、すぐに那覇に駆けつけたい衝動を抑えた。編集を一刻も早く終わらせるため、パソコンに向かっていた。

二〇一三年一一月下旬、沖縄選出自民党国会議員は「普天間《ふてんま》基地は辺野古移設」の党方針に従うよう迫られていた。結局、石破幹事長のもと、それぞれが選挙でかかげた「普天間基地は県外へ」の選挙公約をホゴにして、屈服した。自民党沖縄県連もそれに続き、さらに一二月二七日、仲井真知事も政府の圧力に屈して辺野古埋め立て申請を承認してしまった。上京した知事が東京都内の病院に入院したのは、政府による体《てい》の良い拘束だったのだ。

新基地建設反対をかかげる名護《なご》市・稲嶺進市長は、即刻知事に抗議をした。そんな流れの中で、今年一月一九日に投開票された名護市長選挙では、稲嶺進市長が見事再選された。

基地依存から脱却し、新たな経済発展を進めてきた稲嶺進市長は国の基地押しつけを断固拒否し、また名護市民も五〇〇億円基金構想などのカネの誘惑や、脅しに屈しなかった結果だ。

たとえ知事が埋め立てを承認したとしても、名護市の抵抗する手段はある。辺野古漁港の管理権は名護市が持っている。工事を強行するにしても、作業ヤードの設置は名護市の協力がなくては出来ない。国はゴリ押しできなくなるだろう。法律を変えて強引に行えば沖縄の反発はより強まるだろう。

✣辺野古の闘い

一九九六年一二月、沖縄に関する特別行動委員会（ＳＡＣＯ）最終報告で、本島東海岸への海上基地建設が発表され、辺野古のオジイやオバアは、「命の海を守れ」と反対に立ち上がった。日本政府が普天間基地の「移設先」として名護市辺野古に決定したのは一九九九年（実は米海軍は辺野古の隣の大浦湾に海軍基地を建設する計画を一九六五年に作っていた。今回の計画案とそっくりだ）。

幾多の闘いの変遷を経ながら、二〇〇四年頃には海上でのボーリング調査を阻止する闘いを行っていた。最も厳しく激しい闘いが海上で繰り広げられていた時期だ。人びとは非暴力でカヌーを操り、国の差し向けたボーリング調査船と対峙《たいじ》していた。時には寒風吹きすさぶ冬の夜の海で、夜通しの態勢がとられていたこともあった。

それでも国は、辺野古から大浦湾にわたる環境調査（と言っても欠陥環境調査だったのだが）を強行した。必然的に「辺野古の海を守れ！」という声は、沖縄県内から日本国内、さらには国際的にも広がり、多くの人びとが辺野古を注目するようになっていった。

✣辺野古から高江へ

辺野古の取材をしていた二〇〇六年末、国は、東村高江《ひがしそんたかえ》の北部訓練場にヘリパッドを建設すると発表した。

当時、辺野古は普天間基地の返還とひき替えの建設予定地で、メディアの注目を集めていた。一方、高江のヘリパッド建設について関心を持つ人はごくわずかだった。

高江は地理的にも不利だった。沖縄本島の北の端に近い。小さな高江集落の声は県都・那覇まで届かなかったし、なおのこと東京には伝わらなかった。さらに、基地問題で全県的規模の集会が開かれても、「普天間基地の県外移設、辺野古への基地建設反対」はスローガンになっても、ごく最近まで「高江のヘリパッド建設反対」は叫ばれることはなかった。

オスプレイの沖縄配備では県下四一市町村が反対決議をあげているが、その演習場になる高江のヘリパッド建設反対の決議をあげた自治体は、東村の隣村・大宜味村《おおぎみそん》だけである。同じ沖縄県内でもその温度差は大きい。

✣やんばるの森と米軍基地

那覇から沖縄自動車道を北上し、終点の許田《きょだ》インターから東海岸をさらに北上すると、一時間半ほどで東村高江につく。県道の両側は亜熱帯のうっそうとした森が広がっている。この森はイタジイやウラジロガシなどが生い茂るやんばるの森だ。

地球上でここだけに生息するノグチゲラやヤンバルクイナなど、数多くの固有種や絶滅危惧種の生息地となっている。

二〇一一年の３・11東日本大震災直後、神奈川県から避難して来た根本きこさんは、「ここにはじめてきたとき緑のシャワーを浴びているような心地よさを感じた」と言った。これは高江に来た人の誰もが感じることだ。やんばるの森は都会の生活に疲れた人々の、癒《い》やしの森でもあるのだ。

この森に米軍北部訓練場がある。広さは約七八〇〇ヘクタール。東京の山手線がすっぽり入ってまだ余る広さだ。この中にあるジャングル戦闘訓練センターでは、ヘリコプターを使った上空からの潜入、脱出などのゲリラ戦闘訓練やサバイバル訓練など、激しい訓練が行われている。隣接する住民はヘリの墜落の危険や騒音に日常的に悩まされている。

一九九五年九月に起きた米兵による少女暴行事件で沖縄県民の怒りは

爆発、そこで設置されたＳＡＣＯは、一九九六年一二月に普天間基地の辺野古移設など「米軍基地の整理縮小」をうたう最終報告を提出した。その一つが北部訓練場の北側半分の返還だった。

✣オスプレイパッド

しかしこれには、返還予定地内にあるヘリパッドを高江周辺に移設させる条件がつけられた。計画されている六つのヘリパッドは円形のヘリコプターの離発着帯で直径七五メートル、そのうち二カ所は二つを隣接させたヘリパッド、つまり七五メートルの円が二つで、直線にすると一五〇メートルの滑走路になる。この長さは、オスプレイが積み荷満載状態で離陸可能な距離である。この二カ所のヘリパッドは、オスプレイパッドであると当初から言われていたが、国は住民にオスプレイが使うことを隠し続けてきた。

さらにＳＡＣＯ合意では、海からの進入、脱出訓練のため宇嘉川《うかがわ》河口周辺の土地と海域の提供が決まった。北部訓練場に接する太平洋側の海岸線は一〇〇メートル近い切り立った断崖に阻まれ、海からの進入、脱出、救助などの訓練が出来なかったが、陸、海、空の立体的な訓練が可能になった。こうして基地の整理縮小とは裏腹に、機能強化が進んでいる。

✣国が通行妨害で住民を訴える

二〇〇七年七月二日、国は住民の意思を無視して工事を始めた。ゲート前に駆けつけた住民が座り込んで工事を止めた。こうして「ヘリパッドいらない住民の会」が生まれた。座り込みは住民の非暴力の抵抗手段だ。米軍占領時代、銃剣とブルドーザーによる土地取り上げに反対し、凶暴な米軍と対決するために沖縄民衆が編み出した非暴力の闘い、それが座り込みだ。以来、今日まで座り込みは続いている。

二〇〇八年一二月、住民のもとに一通の分厚い封筒が届いた。厚さ五センチにもなる封筒は、反対運動をしている住民のほとんどに送りつけられた。

送り主は那覇地方裁判所。「見たこともない分厚い封筒で裁判員制度の裁判員に選ばれたのかと思った」と、受け取った宮城克己さんは言った。しかし、それは国が工事に反対している住民を通行妨害だと訴えた仮処分の申し立てをした通知書だった。

「私たちは何もしていないのに……」という森岡尚子さんは、夫の浩二さんとともに訴えられた。ずっしり重い茶封筒を開けびっくりした。「チョー適当な証拠だったんですよ。示された写真は私ではなく別人で、私は次男が産まれる直前だったので、座り込みの現場に行っていないんですよ」と、でたらめな訴えに怒りを覚えたという。森岡浩二さんは「国って怖いものだ、こういうことをするのかとあきれ果てたんですよ」と、怒りを押さえて言った。

森岡さん一家は「自然の中で子育てしたい」「安全な食べ物を作って都会の人たちに供給したい」と、高江に移り住んで農業を始めて七年になる。浩二さんは「いつ防衛局が工事にやって来るか気が気ではないので、畑仕事に集中できない」と語る。

安次嶺現達《あしみねげんたつ》さんと妻の雪音《ゆきね》さんは、森の中でカフェ「山甕《やまがめ》」を「都会の暮らしに疲れたら、森の中でコーヒーやおいしいものを食べて心をリフレッシュして欲しい」と願い、オープンした。

カフェ兼住宅はヘリパッドからわずか四〇〇メートルだ。「こんな静かで自然豊かな森にヘリパッドを作られたら、生活できなくなりますよ」と、反対を続けている。

現達さんと雪音さんも訴えられた。さらに驚いたことに当時八歳になったばかりの長女も訴えられた。長女は一度も座り込みテントに行ったことがなかった。

「弟が、お姉ちゃん牢屋に連れて行かれちゃうのと心配した。小さな子どもまで巻き添えにするなんて許せない」と雪音さん。こうして国は住民など一五人を通行妨害の仮処分申請を行ったが、さすがに八歳の少女はすぐに取り下げた。

那覇地方裁判所に提出した国の証拠はずさんなものばかりで、人違いの写真や防衛局に陳情に行った際の陳情名簿、住民の会が作成したパンフレットやブログの記事などだった。那覇などから座り込みに参加していた人はリストに入っておらず、高江住民を狙い撃ちにした訴えだった。

那覇地方裁判所は二〇〇九年一二月、国に訴えられていた一四人の中で一二人の申し立てを退け、「住民の会」の共同代表だった伊佐真次《いさ》さんと安次嶺現達さんの二人に、国の申し立てを認める命令を下した。

二〇一二年三月、那覇地裁は二人のうち伊佐さんだけに、国の請求を認めた。伊佐さんは控訴したが、二〇一三年六月福岡高等裁判所那覇支部は訴えを棄却した。

「こんなことが通れば全国で基地反対、原発反対の声をあげている人たちも国に訴えられてしまう。これを黙って許すわけには行かない」と、伊佐さんはただちに最高裁判所に上告した。

伊佐さんは木工職人の父親とともに、二三年前に沖縄市から木材の豊富な高江に移住し、木工所を開いた。沖縄でも稀少な伝統工芸のトートーメを作る職人だ。トートーメは沖縄の位牌《いはい》にあたるものだ。現在、制作者は自分以外に一人しか知らないと言う。

妻の育子さんは琉球漆器の製作をしている。「漆塗りは埃を嫌い、心を静め集中しなければならない仕事です。いつ防衛局が工事に来るか心配で、集中して仕事が出来ません。はやく仕事に専念できる日が来て欲しい」と願っている。

✣今日も続く座り込み

住民がゲート前に座り込んで八年。六カ所計画されているヘリパッドのうち現在完成したのは二カ所だけ。オスプレイの訓練はメインゲートの近くのヘリパッドを使っているが、低空でホバリングする時にジェット噴射した四〇〇度もの熱風が森を焦がす。演習場内で直接ジェット噴射を浴びた人は、「焼け焦げそうになった。真下にいたら野鳥も生きていけないだろう」と証言した。

石原理恵さんと石原岳さんは四人の子どもを自然の豊かな高江で育てたいと、二〇〇六年に那覇から引っ越してきた。その年にヘリパッド問題が起こった。

理恵さんは、「沖縄はずっと負け続けてきている。でもあきらめなければ負けたことにはならないんだよ。高江から逃げだしても、別の問題は起こる。だからここでがんばることにした」と笑いとばした。

❖

二〇一三年、日本のドキュメンタリー映画界に大きな衝撃が走った。高江を描いた映画「標的の村」（監督・三上智恵）である。ドキュメンタリーとしては異例のロングランを各地の劇場で続けている。さらに全国各地で自主上映会が開催され、観客に大きな感動と衝撃を与えている。また多くの映画祭で賞を受賞している。この映画で高江がようやく全国区に浮上してきた。

高江の座り込みのテントには、「標的の村」を見て何かしなければと思い駆けつけたという、全国からの支援者が増えている。

本書が、さらに高江の声を全国に伝える一助になることを切に願う。

辺野古から高江まで、闘いの現場を十数年追い続けてきました。その現場でいつも「森住、元気か？」と、声をかけてくださったのが元高校教師の大西照雄さんでした。本書の八八ページ、一〇二ページに登場していただきましたが、映画「標的の村」で「ここを守るのは我々の歴史的任務だよ、戦後ずっと祖先からの土地を奪われ、墓参りも出来ない。この苦しみをあんたたちは解るか！」と、工事を強行する防衛局員に迫る姿が印象的でした。

ガンで闘病中だった大西さんは、二〇一三年六月に永遠の眠りにつきました。辺野古、高江の闘いをわがこととして励まし続けた姿に、たくさんのことを教えていただきました。謹んでご冥福をお祈りいたします。

この写真集が完成するまでには、高江の「ヘリパッドいらない住民の会」や支援の方たちなど、本当に多くの皆さんにお世話になりました。ここに深く感謝いたします。

また、お忙しい中【解説】を書いてくださった三上智恵さん、そして出版に尽力いただいた高文研の山本邦彦さんにお礼を申し上げます。

（二〇一四年二月二五日　記）

森住　卓（もりずみ・たかし）
フォトジャーナリスト。1951 年神奈川県に生まれる。日本写真家協会（JPS）、日本ビジュアルジャーナリスト協会（JVJA）会員。
1988 年、共著『ドキュメント三宅島』（大月書店）で日本ジャーナリスト会議奨励賞を受賞。94 年、世界の核実験場の被曝者を取材開始。『旧ソ連セミパラチンスク核実験場の村：被曝者のさけび』（自費出版）で被曝者の薬代支援。96 年、セミパラチンスクの写真で公募展「視点賞」受賞。99 年、『セミパラチンスク　草原の民・核汚染の 50 年』（高文研）で週刊現代「ドキュメント写真大賞」、第 5 回平和協同ジャーナリスト基金賞奨励賞、日本ジャーナリスト会議特別賞（2000 年）を受賞。個展「被曝者のさけび――旧ソ連セミパラチンスク核実験場の村」開催。2000 年、「民族の嘆き――コソボ 1999」で「視点」奨励賞。02 年、『イラク　湾岸戦争の子どもたち』（高文研）。03 年、共著『イラクからの報告』（小学館）、共著『私たちはいま、イラクにいます』（講談社）、『核に蝕まれる地球』（岩波書店）。05 年、『イラク　占領と核汚染』（高文研）。07 年、「20 年目のチェルノブイリ」で「視点」奨励賞。09 年、『沖縄戦「集団自決」を生きる』（高文研）、『核汚染の地球』全 3 巻（新日本出版社）。11 年、JVJA 写真集『3・11 メルトダウン』（凱風社）、『新版セミパラチンスク』（高文研）。12 年『福島第一原発　風下の村』（扶桑社）。
ホームページ http://www.morizumi-pj.com/

沖縄・高江　やんばるで生きる

●2014 年 4 月 20 日――――第 1 刷発行
●2014 年 6 月　1 日――――第 2 刷発行

著　者／**森住　卓**
発行所／株式会社　**高文研**
東京都千代田区猿楽町 2-1-8　〒 101-0064
TEL 03-3295-3415　振替 00160-6-18956
http://www.koubunken.co.jp
印刷・製本／株式会社 光陽メディア

★乱丁・落丁本は送料当社負担にてお取替えいたします。

ISBN978-4-87498-542-7 C0036

◇沖縄の歴史と真実を伝える◇

【表示価格は本体価格】

沖縄一中 鉄血勤皇隊の記録（上）
兼城 一 編著　2、500円
14～17歳の"中学生兵士"たち「鉄血勤皇隊」が体験した沖縄戦の実相を、20年の歳月をかけ聞き取った証言で再現する。

沖縄一中 鉄血勤皇隊の記録（下）
兼城 一 編著　2、500円
首里から南部への撤退後、部隊は解体、"鉄の暴風"下の戦場彷徨、戦闘参加、捕虜収容後のハワイ送りまでを描く。

新崎盛暉が説く構造的沖縄差別
新崎盛暉 著　1、300円
構造的沖縄差別がどのように作られてきたのかを、米軍基地と沖縄県民の闘いの歴史を通し、検証する。

普天間を封鎖した4日間
宮城康博・屋良朝博 著　1、100円
沖縄中の"怒り"をよそに、沖縄に強行配備されたオスプレイ。直前の2012年9月末、普天間基地のゲートは、市民による座り込みで「封鎖」された。

沖縄の海兵隊はグアムへ行く
●米軍のグアム統合計画
吉田健正 著　1、200円
グアムをアジアの新たな軍事拠点とする米軍の計画。だが奇妙なことに日本の政治もメディアもこの事実を無視し抜いた。

シマが揺れる
◆沖縄・海辺のムラの物語
文・浦島悦子／写真・石川真生　1、800円
海辺のムラに海上基地建設の話が持ち上がって10年。怒りと諦めの間で揺れる人々の姿を、暖かな視線と言葉で伝える。

これが沖縄の米軍だ
石川真生・國吉和夫・長元朝浩 著　2、000円
沖縄の米軍を追い続けてきた二人の写真家と一人の新聞記者が、基地・沖縄の厳しく複雑な現実をカメラとペンで伝える。

沖縄は基地を拒絶する
●沖縄人33人のプロテスト
高文研 編　1、500円
日米政府が決めた新たな海兵隊航空基地の建設。沖縄は国内軍事植民地なのか?! 胸に渦巻く思いを33人がぶちまける!

検証［地位協定］日米不平等の源流
琉球新報社地位協定取材班 著　1、800円
スクープした機密文書から在日米軍の実態を検証し、地位協定の拡大解釈で対応する外務省の「対米従属」の源流を追及。

外務省機密文書 日米地位協定の考え方 増補版
琉球新報社 編　3、000円
「秘・無期限」の文書は地位協定解釈の手引きだった。日本政府の対米姿勢をあますところなく伝える、機密文書の全文。

米軍政下の沖縄 アメリカ世の記憶
森口豁 著　1、600円
一九五〇年代から七〇年代、日本が高度成長へ走り始めたころ、沖縄は米軍政下だった。その時代を貴重な写真で語る!

琉球の聖なる自然遺産 野生の鼓動を聴く
写真 山城博明・解説 花輪伸一　3、800円
沖縄の海、山、空を撮り続けるカメラマンが、動植物、昆虫から風景まで、カラー写真200点でそのすばらしさを紹介!

◇沖縄の歴史と真実を伝える◇

観光コースでない 沖縄 第四版
新崎盛暉・謝花直美・松元剛他　1、900円
「見てほしい沖縄」「知ってほしい沖縄」の歴史と現在を、第一線の記者と研究者がその"現場"に案内しながら伝える本!

新・沖縄修学旅行
梅田・松元・目崎 著　1、300円
戦跡をたどりつつ沖縄戦を、基地の島の現実を、また沖縄独特の歴史・自然・文化を、豊富な写真と明快な文章で解説!

修学旅行のための沖縄案内
目崎茂和・大城将保 著　1、100円
亜熱帯の自然と独自の歴史・文化をもつ沖縄を、作家でもある元県立博物館長とサンゴ礁を愛する地理学者が案内する。

改訂版 沖縄戦
●民衆の眼でとらえる「戦争」
大城将保 著　1、200円
「集団自決」、住民虐殺を生み、県民の四人に一人が死んだ沖縄戦とは何だったのか。最新の研究成果の上に描き出した全体像。

沖縄戦「集団自決」消せない傷痕
山城博明／宮城晴美　1、600円
カメラから隠し続けた傷痕を初めて撮影、惨劇の現場や海底の砲弾などを含め沖縄の写真家が伝える、決定版写真証言!

写真証言 沖縄戦「集団自決」を生きる
写真／文 森住 卓　1、400円
極限の惨劇「集団自決」を体験した人たちをたずね、その貴重な証言を風貌・表情とともに伝える!

新版 母の遺したもの
沖縄・座間味島「集団自決」の新しい事実
宮城晴美 著　2、000円
「真実」を秘めたまま母が他界して10年。いま娘は、母に託された「真実」を、「集団自決」の実相とともに明らかにする。

「集団自決」を心に刻んで
●一沖縄キリスト者の絶望からの精神史
金城重明 著　1、800円
沖縄戦"極限の悲劇"「集団自決」から生き残った十六歳の少年の再生への心の軌跡。

ひめゆりの少女
●十六歳の戦場
宮城喜久子 著　1、400円
沖縄戦"鉄の暴風"の下の三カ月、生と死の境で書き続けた「日記」をもとに伝えるひめゆり学徒隊の真実。

沖縄戦 ある母の記録
安里要江・大城将保 著　1、500円
県民の四人に一人が死んだ沖縄戦。人々はいかに生き、かつ死んでいったか。初めて公刊される一住民の克明な体験記録。

沖縄戦の真実と歪曲
大城将保 著　1、800円
教科書検定はなぜ「集団自決」記述を歪めるのか。住民が体験した沖縄戦の「真実」を、沖縄戦研究者が徹底検証する。